ISBN 978-1-332-66067-4
PIBN 10368691

1 MONTH OF
FREE
READING

at

www.ForgottenBooks.com

By purchasing this book you are eligible for one month membership to ForgottenBooks.com, giving you unlimited access to our entire collection of over 700,000 titles via our web site and mobile apps.

To claim your free month visit:

www.forgottenbooks.com/free368691

English
Français
Deutsche
Italiano
Español
Português

www.forgottenbooks.com

Mythology Photography **Fiction**
Fishing Christianity **Art** Cooking
Essays Buddhism Freemasonry
Medicine **Biology** Music **Ancient**
Egypt Evolution Carpentry Physics
Dance Geology **Mathematics** Fitness
Shakespeare **Folklore** Yoga Marketing
Confidence Immortality Biographies
Poetry **Psychology** Witchcraft
Electronics Chemistry History **Law**
Accounting **Philosophy** Anthropology
Alchemy Drama Quantum Mechanics
Atheism Sexual Health **Ancient History**
Entrepreneurship Languages Sport
Paleontology Needlework Islam
Metaphysics Investment Archaeology
Parenting Statistics Criminology
Motivational

FRENCH
NURSERY RHYMES

POEMS, ROUNDS AND RIDDLES

FOR SCHOOLS AND FAMILIES

Edited and accompanied with explanatory Notes

BY

C. B.
,,,

Second revised and augmented Edition.

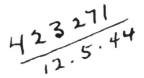

LIBRAIRIE HACHETTE & CIE.

LONDON: 18, KING WILLIAM STREET, CHARING CROSS.

PARIS: 79, BOULEVARD ST. GERMAIN.

BOSTON: CARL SCHOENHOF.

1881.

J. S. LEVIN, STEAM PRINTER

MARK LANE SQUARE, GREAT TOWER STREET

LONDON E.C

PREFACE TO THE SECOND EDITION.

THE notes accompanying the following selection of French Nursery Rhymes are only intended to explain such words and phrases as are not likely to be clearly understood by children. Philological and other notes, fully entering into the origin and purpose of each particular rhyme, and offering a key to all obsolete words or provincialisms, would have been out of place in a book of such an unpretending character as the present. Students or lovers of this branch of juvenile poetry are referred to the labours of Messrs. Gaidoz, Kuhff, and others, to whom the editor is indebted for a considerable number of the rhymes contained in this little volume.

ALPHABETICAL INDEX.

———◆———

FRENCH
NURSERY RHYMES.

---◆---

PRIÈRE DU SOIR.

Je suis las, il fait nuit.
Bonsoir, cher petit père ;
Couche-moi, bonne mère ;
Porte-moi dans mon lit.

Redis-moi ma prière :
Mon Dieu, veille sur moi,
Fais-moi vivre pour toi,
Pour mon père et ma mère.

L'ANGE GARDIEN.

Veillez sur moi quand je m'éveille,
Bon ange, puisque Dieu l'a dit ;
Et chaque nuit que je sommeille,
Penchez-vous sur mon petit lit.

Ayez pitié de ma faiblesse ;
A mes côtés marchez sans cesse,
Parlez-moi le long du chemin ;
Et pendant que je vous écoute,
De peur que je ne tombe en route,
Bon ange, donnez-moi la main.

LES ANGES GARDIENS.

Une bande d'anges roses et beaux
Planent au-dessus de mon berceau.
Deux à deux, tout alentour,
Gardent ma couchette[1] nuit et jour ;
A mes pieds, à mon chevet,
Constamment ils font le guet,
Me ferment doucement la paupière
Quand j'ai fini ma prière ;
Et la nuit sur moi ils veillent,
Et le matin me réveillent ;
Quand il fait du froid, du vent,
Ils me couvrent chaudement,
Et au terme de ma vie,
Me conduisent en Paradis.

---

[1] *Couchette* (*s.f.*), dim. of *couche*, bedstead.

DORS, ENFANT, DORS.

Dors, enfant, dors.
Papa garde les moutons,
Maman, sur son poupon,
Agite la branche d'or,
Qui fait tomber sur les enfants
Des rêves de perles et diamants.
Dors, enfant, dors.

DORS, BÉBÉ, DORS.

Dors, bébé, dors,
Car j'entends au dehors
Un mouton blanc, un mouton noir,
Qui disent : " Enfant, enfant, bonsoir."
Et si l'enfant ne veut dormir,
On verra bientôt accourir
Un noir ou blanc petit mouton,
Pour picoter [1] le pied mignon
De mon joli petit poupon.

---

[1] *Picoter* (*v.a.*), from *piquer*, to prick, to peck (of birds).

CHANSON DE BERCEAU D'UNE PETITE SŒUR.

Joli berceau, je t'en prie,
Berce mon petit frère chéri.

Garde-toi bien de l'éveiller ;
Sans quoi il me faudrait veiller.

Ne le jette ni ça ni là ;
Car j'en aurais du tracas.

Ne me le fais pas tomber ;
Car tu me le ferais crier.

Ne le jette point sens dessus dessous,
Pour qu'il dorme tout son soûl.[1]

[1] *Soûl* (*s.m.*), from Latin " satullus," satisfied, fill, belly-full. *Pour qu'il dorme tout son soûl*; that he may sleep to his heart's content.

LA DORMETTE.[1]

Passez, la dormette,
Passez par chez nous
Endormir gars, fillettes,
La nuit et le jou'.

[1] NOTE.—*La dormette est cette bonne vieille femme qui verse, la nuit tombante, le sable et le sommeil dans les yeux des enfants.*

FAIS DODO.[1]

Fais dodo,
Colin, mon p'tit frère,
Fais dodo,
T'auras du gàteau,
Papa en aura,
Maman en aura,
Et moi j'en aurai
Tout un plein panier.

[1] *Dodo* (*m.s.*), lullaby, by-by; *faire dodo*, or *aller à dodo*, to go to lullaby.

LE GUET.[1]

Guet ! bon guet !
Il a frappé douze heures ;
Guet ! bon guet !
Dormez dans vos demeures.

[1] *Guet* (*s.m.*), watch ; *guetter*, to watch, to be on the watch for ; *le dernier guettait à toute heure les poules d'un fermier,* the latter was at every moment on the watch for a farmer's chickens.

LE COUVRE-FEU.[1]

Rentrez, habitants de Paris,
Tenez-vous clos en vos logis ;
Que tout bruit meure,
Quittez ces lieux,
Car voici l'heure,
L'heure du couvre-feu.

[1] *Couvre-feu* (*s.m.*), curfew, in feudal times, the ringing bell at eight o'clock as a signal to put out all fires and lights.

LE RÉVEIL.

J'ai bien dormi !
J'étais parti
Loin, loin d'ici !
Me revoici,
Maman aussi.
Mon Dieu, merci.

LE MATIN.

Voici l'aurore,
La nuit s'enfuit ;
Le ciel se dore,
Le soleil luit.

MA PRIÈRE.

Dès que la journée commence,
Je demande à Dieu son secours,
Et sitôt que la nuit s'avance,
De me veiller avec amour.

DIEU EST AVEC MOI.

Le bon Dieu me voit,
Du ciel me regarde,
Il est avec moi,
Et toujours me garde ;
Non, je n'ai pas peur,
Non, je n'ai frayeur,
Il est avec moi.

LA PETITE MARIE.

Qui n'aimerait la petite Marie,
Elle est si sage dans la nuit !
Elle n'appelle ni ne crie,
Et jamais ne fait aucun bruit,
S'il lui faut passer plus d'une heure,
Quelquefois, sans pouvoir dormir,
N'allez pas croire qu'elle pleure,
Ou seulement pousse un soupir.

Elle attend que le jour paraisse ;
Puis, tout doucement sort du lit,
Pour savoir ce que maman dit.
Sa maman dort ; elle la laisse.
Quand maman se réveille enfin :
" Bonjour, maman ! "   " C'est toi, ma fille !
Les yeux ouverts de grand matin,
Sans dire mot : qu'elle est gentille !
Viens m'embrasser, petit poussin ! " [1]
J'ai donc raison quand je m'écrie :
Qui n'aimerait la petite Marie !

[1] *Poussin* (*s.m.*), chicken.

BÉBÉ APPREND A MARCHER.

Trotte, bébé, trotte ;
Donne-moi ta menotte ; [1]
Un, deux, trois,
Bébé a fait un pas.

[1] *Menotte* (*s.f.*), dim. of *main*, hand.

UN, DEUX, TROIS.

1,   2,   3,
Un, deux, trois,
Allons au bois.

4,   5,   6,
Quatre, cinq, six,
Cueillir des cerises.

7,   8,   9,
Sept, huit, neuf,
Dans mon panier neuf.

10,   11,   12,
Dix, onze, douze,
Elles seront toutes rouges.

DEUX ET TROIS.

Un et deux et trois bas,
Deux et trois font cinq, n'est-ce pas ?
Si l'un d'eux je perds,
M'en restera deux paires.

LES NOIX.

Un, deux, trois,
Mes noix.
Fait', fait' colleret',[1]
Fait', fait' collerette,
Jusqu'à vingt-trois.

---

[1] Collerette (s. f.), dim. of collier, necklet.

COMPTER.

1.

Un petit chien demandant sa vie,
En passant par ce pays-ci,
Pont une,—c'est pour toi la prune ;
Pont deux,—c'est pour toi les œufs ;
Pont trois,—c'est pour toi les noix ;
Pont quatre,—c'est pour toi la claque ;[1]
Pont cinq,—c'est pour toi la seringue ;
Pont six,—c'est pour toi les cerises ;
Pont sept,—c'est pour toi l'assiette ;
Pont huit,—c'est pour toi les huîtres ;
Pont neuf,—c'est pour toi le bœuf.

---

[1] *Claque* (*s. f.*), slap ; *donner une claque à quelqu'un :* to give a person a slap.

2.

En passant par la cuisine,
De monsieur Portefarine,
J'entendis qu'il rôtissait
Trois douzaines de p'tits poulets.
J'ai demandé pour qui c'était,
On m'a dit que c'était pour mon père.
Mon père m'en a fait goûter,
J' les ai trouvés trop salés.

(Un, deux, trois, quatre, cinq, six, sept, huit,
neuf, dix, onze, douze.)

Mouche ton nez,
Petit effronté.
Arlequin,
Mouch' le tien.

LES DOIGTS.

1.

C'est le petit glin—glin![1]
Qui fait le tour du moulin,
Qui lave les écuelles
Et casse les plus belles,
Et qui fait mïau, mïaou!
Mïau! mïaou! mïaou!

[1] *Glin-glin* (from Germ. *klein*), the little finger.

2.

C'est lui qui va à la chasse,
C'est lui qui a tué le lièvre,
C'est lui qui l'a fait cuire,
C'est lui qui l'a mangé.

Et le petit glin—glin,
Qui était derrière le moulin,
Disait : "Moi, j'en veux, j'en veux!
J'en veux! j'en veux! j'en veux!"

A B C.

A, b, c,
Le chat est allé
Dans la neige ; en retournant,
Il avait les souliers tout blancs.

A, b, c,
Le chat est retourné,
S'est nettoyé la patte mignonne,
Pour n'être vu de personne.

A B C D.

La vache a fait le vé ;[1]
Le vé s'est ensauvé,
La vache a pleuré ;
Le vé est revenu,
La vache a rizu ;[2]
    Saura té.

[1] Le vé (veau), calf.   [2] Rizu, ri.

LES JOURS DE LA SEMAINE.

1.

La semaine au lundi commence,
Et le mardi l'ouvrage avance;
Ensuite vient le mercredi,
Le jeudi, puis le vendredi
Le samedi comble nos vœux,
Et dimanche nous prions Dieu.

2.

Bonjour, Lundi,
Comment va Mardi ?
Très bien, Mercredi;
Je viens de la part de Jeudi,
Dire à Vendredi
Qu'il s'apprête Samedi,
Pour aller à la messe Dimanche.

LES DIX COMMANDEMENTS DE L'ÉCOLIER.

1. A la classe tu te rendras
   Toujours très ponctuellement.
2. Avec soin ton devoir feras,
   Et l'écriras bien proprement.

3. Tes leçons étudieras
   Et apprendras parfaitement,
4. Et surtout ne bavarderas
   Pendant la classe aucunement.
5. Dame Paresse éviteras,
   Et fuiras soigneusement.
6. De l'instituteur tu suivras
   Les avis très docilement.
7. Bon camarade tu seras :
   On t'aimera certainement.
8. Tous les soirs tu retourneras,
   A ta maison tranquillement.
9. Les passants tu salueras
   Toujours respectueusement.
10. En faisant cela, tu seras
    Un bon élève assurément.

LA SEMAINE DE L'ÉCOLIER PARESSEUX.

Lundi, mardi, fête ;
Mercredi, peut-être ;
Jeudi, la Saint-Nicolas ;
Vendredi, je n'y serai pas;
Samedi, je reviendrai ;
Et voilà la semaine passée !

LE PARESSEUX.

Gàtineau n'est pas mort,
Il est dans son lit malade.
Gâtineau n'est pas mort,
Il est dans son lit qui dort.

APPRENDS, TU SAURAS.

Apprends, tu sauras.
Si tu sais, tu pourras.
Si tu peux, tu voudras.
Si tu veux, bien auras.
Si bien as, bien feras.
Si bien fais, Dieu verras.
Si Dieu vois, sain seras
    A tout jamais.

LA CHANSON DE JEANNETTE.

Jeannette est mon nom,
Je ne sais pas de leçon.
Maman, chante-moi une chanson,
Que j'en apprenne bien le ton,
Pour quand les gens demanderont,
Si j'ai appris ma leçon,
Je puisse leur dire de bon :
Jeannette est mon nom,
Et je sais une chanson.

OH! MAMAN MIGNONNE.

Oh ! maman mignonne,
Si vous m'aimez bien,
Prenez une verge,[1]
Fouettez-moi bien,
Car je vous assure
Que les petits enfants
Ont de la malice
Avant que d'être grands.

[1] *Verge* (*s. f.*), rod, whip.

MADEMOISELLE GROS-DOS.

Dans notre cour un arbre croit,
Qui ne veut pas se tenir droit.

A la maison pousse une fille,
Qui se tient comme une faucille.[1]

Jardinier, avez-vous des pieux ?[2]
Prenez-en un, prenez-en deux.

Le plus menu fichez en terre, .
Pour dresser l'arbre réfractaire.

A mademoiselle Gros-Dos,
Dans son corset plantez le gros.

[1] *Faucille* (*s. f.*), sickle.   [2] *Pieux* (*s. m. pl.*), stakes.

LES ŒUFS DE PAQUES.

Bonjour, la société !
Donnez, donnez, donnez !
Je viens quérir[1] mes roulés,[2]
Donnez, donnez, donnez !

[1] *Quérir* (*v. a.*), to fetch.   [2] *Roulés* (*s. m.*, *pl.*), coloured eggs.

LA CAILLE ET LA PERDRIX.

J'ai vu la caille[1]
Dedans la paille,
Qui s' p'lotonnait ;[2]
La perdrix[3]
Dans la prairie,
Qui se mottait.[4]

[1] *Caille* (*s. f.*), quail.   [2] *Se pelotonner* (*v. p. r.*), fig. to roll one's
self up.   [3] *Perdrix* (*s. f.*), partridge.   [4] *Se motter* (*v. p. r.*),
to lurk behind a clod.

LA BASSE-COUR.[1]

Madame Canard, d'un air coquet,
Dit : "Je vois venir des soldats."

[1] *Basse-cour* (*s. f.*), poultry-yard.

Monsieur Canard, qui fait le guet,
Dit : " Saperlotte, où ça, où ça ?"
Mèdor [1] demande : "Boubou, boubou ?"
Minette [2] répond : " Mīou-mīou."
" Oui," dit le coq, " car je les vois,
Kikiri ki ki, un, deux, trois !"

[1] *Mèdor*, name of a dog. [2] *Minette*, Pussy.

LES TROIS POULES.

Quand trois poules vont au champ,
La première va devant,
La seconde suit la première,
La troisième va par derrière :
Quand trois poules vont au champ,
La première va devant.

LE PETIT COQ TIC-TOC.

Tic, tac, toc,
Quel est ce coup sec ?
Ric, rac, roc,
C'est d'un petit bec ;
Cric, crac, croc,
La coquille casse ;

Fric, frac, froc,
C'est l'ergot[1] qui passe;
Clic, clac, cloc,
C'est coquet Tic-toc,
Flic, flac, floc,
C'est le petit coq.

[1] *Ergot* (*s. m.*), spur (of a cock), dew claw (of a dog).

QUIBUS, QUABUS.

Quibus, quabus!
Qui est-ce donc qui glousse?[1]
C'est la poule et ses poulettes,
Qui n'ont ni souliers ni chaussettes;
Monsieur Canard et madame Oie,
Qui ne veulent jamais marcher droit.
Ils viennent de bien loin, allez!
De par la mer des scarabées,[2]
Où ils n'ont trouvé à gruger[3]
Que du fromage tout émietté.
Ah! donnez vite, car ils ont faim,
Donnez-leur vite une croûte de pain.
Monsieur du Coq, d'un ton hardi,
Vous crie déjà: kiki riki!

[1] *Glousser* (*v. a.*), to chuckle.　[2] *Scarabées* (*s. f. pl.*), beetles.
[3] *Gruger* (*v. a.*), (*fig.*) to devour.

LA RONDE DU CANARD BLANC.

Derrière chez mon père,
Il y a un petit étang ;
Trois canards s'y vont mirants.
Le fils du roi y vint passant,
Et tira sur celui de devant.
O fils du roi ! tu es méchant ;
Tu as tué mon canard blanc.
J'ai vu la plume voler au vent, ,
Et par le bec l'or et l'argent.

UNE POULE SUR UN MUR.

Une poule sur un mur,
Qui pigoce [1] du pain dur,
Pigoci,
Pigoça,
P'tit enfant, ôt'-toi de là.

[1] *Pigocer (picoter)*, *see* note, page 3.

LES DEUX PETITS POULETS.

Deux petits poulets étaient frères,
Et pourtant ils ne s'aimaient pas ;

C'était toujours coups de becs et combats.
Un cuisinier les vit : "Ah ! mes petits compères,"
Cria-t-il, " pas tant de façons !
Pour mettre fin à vos colères,
A la broche, [1] mes polissons ! ''

[1] *Broche (s. f.)*, spit.

LA CHANSON DE LA POULE GRISE.

'L'était un' p'tit' poule grise
Qu'allait pondre dans l'èglise,
    Pondait un petit coco [1]
Que l'enfant mangeait tout chaud.

'L'était un' p'tit' poule blanche
Qu'allait pondre dans la grange,
    Pondait un petit coco
Pour l'enfant qui fait dodo.

'L'était un' p'tit' poule jaune
Qu'allait pondre sous la geôle,[2]
    Pondait un petit coco
Que l'enfant mangeait tout chaud.

[1] Coco (*Coquille*, shell), egg.   [2] *Geôle (s. f.)*, gaol, prison, gailor's lodge.

LE DINDON.[1]

Moi, je me pare,
Moi, je me carre,[2]
Moi, je suis gras et beau !
Ma plume est noire,
Mon dos de moire,[3]
De rubis mon jabot.[4]

Voyez ma tête,
Ma rouge aigrette ;
Voyez, admirez tout !
L'ècho s'apprête,
Il vous rèpète
Mon solennel glouglou.[5]

Ma queue est-elle
Fournie et belle !
Voyez, c'est un soleil.
Tout brille et tremble ;
Que vous en semble ?
Suis-je pas sans pareil ?

---

[1] *Dindon (s. m.)*, turkey.   [2] *Se carrer (v. p.)*, to strut, to look big, grand.   [3] *Moire (s. f.)*, moire, watered silk ; *de moire*, brilliant, shining.   [4] *Jabot (s. m.)*, crop.   [5] *Glou-glou (s. m.)*, gabbling.

Elle frissonne,
Elle rayonne,
Ma plume de velours!
Faites-moi place,
Et que je passe
Triomphant dans la cour.

POISSON D'AVRIL.

Mois d'Avril,
Qui fait courir
Les ànes gris
Jusqu'à Paris.

LES POMMES.

Charge, pommier,
Charge, poirier,
A chaque petite branchette,
Tout plein ma grande bougetta![1]

[1] *Bougette : petite poche.*

RATAPLAN.

Rataplan, rataplan, rataplan !
En avant, en avant, en avant !
Soldats de bois, soldats de plomb,
Méritez vite un autre nom.
Rataplan, rataplan, rataplan !
En avant, en avant, en avant !

Rataplan, rataplan, rataplan !
En avant, en avant, en avant !
Quand je sonne de ma trompette,
Que chacun en ligne se mette !
Rataplan, — plan,   plan !
En avant, — 'vant, — 'vant !

A PARIS, A PARIS, A PARIS.

A Paris, à Paris, à Paris,
Sur un petit cheval gris ;
A Rouen, à Rouen, à Rouen,
Sur un petit cheval blanc ;
Au pas, pas, pas—au trot, trot, trot—
Au galop, au galop, au galop.

LE BOUTE-SELLE.[1]

A cheval, à cheval,
Sur la queue d'un original.[2]

A Rouen, à Rouen,
Sur la queue d'un p'tit cheval blanc.

A Paris, à Paris,
Sur la queue d'un' p'tite souris.

A Versailles, à Versailles,
Sur la queue d'un' grand' vach' caille.[3]

---

[1] *Boute-selle (s. m.)*, signal to saddle, from *bouter*, to put, and *selle*, saddle.   [2] *L'original* means here the Canadian elk.   [3] *La vache caille*, of different colors.

L'AGNEAU.

Bee, bee, becky bee !
Agnelet qui court les bois,
Rôdant, sautant plein de joie,
Court si vite qu'il tombe, hélas !
Puis va crier : "Oh, là là !
Brebis mie,[1] à moi, à moi ' "

Bee, bee, becky bee!
Agnelet qui court la ville,
Tombe et se démet la cheville[2]
Contre une borne[3] de rue, hélas!
Puis va crier · "Oh, là là!
Brebis mie, à moi, à moi!"

Bee, bee, becky bee!
Agnelet qui court les monts,
Se trouve pris dans les buissons,
Et se fait bobo,[4] hélas!
Puis va crier: "Oh, là là!
Brebis mie, à moi, à moi!"

---

[1] *Mie*, abbreviation of *amie*.   [2] *Cheville* (*s.f.*), ankle.   [3] *Borne* (*s.f.*), stone, post.   [4] *Se faire* bobo, to hurt one's self slightly.

L'ORAISON DU LOUP.

Où vas-tu, loup?
— Je vais, je ne sais où,
Chercher bête égarée,
Ou bête mal gardée.
— Loup, je te défends,
Par le grand Dieu puissant,
De plus de mal leur faire
Que la bonne mère
N'en fait à son enfant.

LES DEUX BRAVES.

Deux lapins comme cent zouaves,
Un jour ont juré d'être braves.

Ils ont juré de faire un coup,
Et de mettre à mort le vieux loup.

A sa dame chacun d'eux jure
De lui rapporter la fourrure.

Chacun d'eux en partant promet
La queue à son fils pour plumet.

Ils arrivent, tambour en tête,
Au fourré[1] de la grande bête.

Juste en ce temps le loup rentrait,
Un bout de queue encore musait.[2]

Les deux braves, comme un seul lièvre,
Filent, et rapportent... la fièvre.

[1] *Fourré (s. m.)*, thicket. [2] *Encore musait*, was still visible (*muser*, to dawdle, to loiter).

LES QUESTIONNEURS.

Le corbeau dit à la grenouille :
"Qu'est-ce ? quoi ? que dis-tu ? Dis-moi ! "

La grenouille répéte : "Coa!"
Le corbeau recommence · "Quoi?"
Un fin petit linot gazouille : [1]
"La grenouille dit comme toi,
Questionneur, toujours quoi? quoi?"

[1] *Gazouiller* (*v. n.*), to chirp, to twitter.

POLICHINELLE.[1]

Silence! silence!
Polichinelle s'avance,
Silence! silence!
Mon dos
Devient trop gros!

[1] *Polichinelle*, Punch, Punchinello.

ARLEQUIN.

Arlequin dans sa boutique,
Sur les marches du palais,
Fait la leçon de musique
A tous ses petits valets.
A monsieur Po,
A monsieur Li,
A monsieur Chi,
A monsieur Nelle,
A monsieur Polichinelle.

LOUSTIC SE BARBOUILLE DE GROSEILLE.

Il se frottait jusqu'aux oreilles,
La bouche de jus de groseilles,
Puis il poussait des cris de paon :
" Ahi ! je saigne ! " La maman
Accourt, à peine elle respire,
Et l'espiègle [1] éclate de rire.

[1] *Espiègle*, from " Eulenspiegel," name of a legendary German jester (XIVth century), arch little fellow.

LOUSTIC SE MOUCHE LA TÊTE.

Une des farces de Loustic,
Quand il se mouchait en public,
Etait de sonner la trompette
D'une façon fort indiscrète.
Il ne songeait pas, le vaurien,
Que son cou ne tenait plus bien.
Un jour qu'il fit la clarinette
En se mouchant dans sa serviette,
Il moucha si bien son nez sec
Qu'il se moucha la tête avec !

NOËL.

Adieu Noël—
Il est passé !
Noël s'en va
Il reviendra !

Sa femme à cheval,
Ses petits enfants
Qui s'en vont
En pleurant.

Le petit Colin
Qui porte le vin,
La petite Colinette
Qui porte la galette.[1]

Adieu les Rois
Jusqu'à douze mois !
Douze mois passès—
Rois, revenez !

[1] *Galette (s. f.),* cake.

AS-TU VU LA CASQUETTE?

As-tu vu la casquette, la casquette,
As-tu vu la casquett' du pèr' Bugeaud ?

Elle est faite, elle est faite, la casquette,
Elle est faite de poils de chameau.[1]

[1] *Poils de chameau,* camel-hairs.

LA PORTE SAINT-DENIS.

J'ai passé par la porte Saint-Denis,
J'ai marché sur la queue d'une souris,
   La souris a fait cri-cri,
   Et mon petit conte est fini.

GRAND FRONT.

   Grand front,
   Petits yeux,
   Gros yeux,
   Nez croquant,
   Bouche d'argent,
   Menton fleuri,
   Croquons l'ami.

UN TEMPS DE PLUIE.

Mouille, mouille, Paradis,
Tout le monde est à l'abri ;
N'y a que mon petit frère,
Qu'est sous la gouttière
A ramasser des p'tits poissons
   Pour sa collation ;

La gouttière a défoncé,
Mon p'tit frère s'en est allé
Tout mouillé.

SAINT PANÇARD.

Saint Pançard n'a pas soupé ;
Vous plait-il de lui donner
Une croûte de pàtè ?
Taillez haut, taillez bas,
Un bon morceau au milieu du plat.
Si vous n'avez pas de couteau,
Donnez-lui tout le morceau.

GENEVIÈVE DE PARIS.

Geneviève de Paris,
Prête-moi tes souliers gris
Pour aller en Paradis ;
On dit qu'il y fait si beau
Qu'on y voit les quatre agneaux.
Pim ! pim !   Pomme d'or !
La plus belle est en dehors !

LE COLIMAÇON.[1]

Colimaçon borgne![2]
Montre-moi tes cornes;
Je te dirai oû ta mère est morte,
Elle est morte à Paris, à Rouen,
Où l'on sonne les cloches.
 Bi, bim, bom,
 Bi, bim, bom,
 Bi, bim, bom.

[1] *Colimaçon (s. m.)*, snail. [2] *Borgne (adj.)*, one eyed

QUI LE SERA?

Une pomme d'or
Est faite en or.
Saint Pierre, saint Simon,
Gardez bien notre maison.
S'il y vient un pauvre,
Donnez-lui l'aumône;
S'il y vient un capucin,
Donnez-lui un verre de vin;
S'il y vient un larron,[1]
Donnez-lui cent coups de bâton.

[1] *Larron (s. m.)*, thief, robber.

CROQUEMITAINE.[1]

Croquemitaine, Croquemitaine,
Avec son gros sac de laine,
Et son vieux bâton de chêne,
A la suite des âmes en peine
Marche et marche à perdre haleine.
Sauvez-vous, garçons, fillettes,
Sauvez-vous, car il vous guette,
    Il vous guette
    Et vous jette
Du gros sable sur la tête.
Gare ! oh, gare ! faites route nette.

[1] *Croquemitaine* (*s. m.*), Old Bogie, fig. a bugbear.

LA CHANSON DE FILASSE.

Quand la bergère s'en va-t-aux champs,
La quenouillett'[1] s'en va en filant.
    Elle tourne,
    Elle mouille,
    Elle file,

[1] *Quenouillette*, dim. of *quenouille* (*s, f.*), distaff.

Elle coud,
Elle va,
Elle vient,
Elle appelle son chien :
Tiens, Taupin, tiens,
Tiens, tiens, tiens, Taupin !
    Tiens !
    Du pain.

FILLETTE ET MINETTE.

Fillette[1] devrait filer,
Et voudrait mieux jouer,
Minette devrait jouer,
Et prèfère filer.
Faire ce que dois
Est une bonne loi,
    Mais ni Fillette
    Ni Minette
N'y veulent ajouter foi.

---

[1] *Fillette*, dim. of *fille*.

MINETTE.

Çà, tous les quarts d'heure, Minette,
Pourquoi donc fais-tu ta toilette ?
—Pourquoi ? parce que c'est trop laid
Quand on n'est pas bien propre et net.
Tout soigné, pattotte[1] et barbette,[2]
C'est la manière de Minette.

Aussi Minette a bon renom :
Au salon elle a son entrée ;
Elle est choyée[3] et caressée ;
Chacun la prend sur son giron.
C'est le soin, le débarbouillage,
Qui lui valent cet avantage.

Propre au dehors, net au dedans,
C'est le mot des gentils enfants.

[1] *Pattotte* (*s.f.*), dim. of *patte*, paw.   [2] *Barbette* (*s.f.*), dim. of *barbe*, whiskers.   [3] *Choyée* (*adj.f.*), petted.   [4] *Giron* (*s.m.*), lap.

LA CHAMBRE VERTE.

En rentrant dans la petite chambre verte,
    J'ai trouvé Minette,
    Qui avait ma houlette.[1]
    Je lui ai dit : " Minette,
    Rends-moi ma houlette ?
    Je te rendrai pas ta houlette,
Avant d'avoir du lait."
J' m'en vais à ma vache :
" Vach', donne-moi du lait ?
    Je te donnerai pas du lait,
Avant que tu m'aies donné de l'herbe."
Je m'en vais à ma faux :[2]
" Faux, donne-moi de l'herbe ?
— Je te donnerai pas de l'herbe,
Avant que tu m'aies donné du lard." [3]
J' m'en vais à mon cochon :
" Cochon, donne-moi du lard ?
— Je te donnerai pas du lard,
Avant que tu m'aies donné des glands."[4]

[1] *Houlette* (s. f.), trowel.   [2] *Faux* (s. f.), scythe.   [3] *Lard* (s. m.),
bacon.   [4] *Gland* (s. m.), acorn.

Je m'en vais au chêne :
" Chên', donne-moi des glands ?
— Je te donnerai pas de glands,
Avant que tu m'aies donné du vent."
Je m'en vais au temps
" Temps, donne-moi du vent ? "
Le temps a tant venté,
A tant venté mon chêne,
Le chên' m'a-t-englandé,
J'ai englandé mon cochon,
Mon cochon m'a-t-enlardè,
J'ai enlardè ma faux,
Ma faux m'a-t-enherbé,
J'ai-t-enherbé ma vache,
Ma vach' m'a-t-allaité,
J'ai allaité Minette,
Qui m'a rendu ma houlette.

LES DEUX CHATS.

Mistigris, docile, propret,
Plein de douceur, de gentillesse,
Apprenant tout ce qu'on voulait,
Obéissant à sa maitresse,
Devint un petit chat parfait.

Il sut bientôt avec adresse
Exécuter maints jolis tours :
Saluer avec politesse,
Faire la patte de velours,
Le mort, le gros dos, la toilette,
Le saut par-dessus la manchette,
Et cætera.   Bref, en un mot,

Il acquit d'un chat comme il faut
L'éducation bien complète.
Je ne puis malheureusement
En dire autant de son confrère ;
Car celui-ci, tout au contraire,
Paresseux, farouche, gourmand,
Voleur, indocile, ignorant,
N'apprit rien ; on n'en put rien faire.
Conséquence, hélas ! nécessaire
De l'obstination et de l'oisiveté !

Sans un peu de docilité,
On ne réforme pas un mauvais caractère,
Et l'on n'acquiert quelque talent
Qu'en travaillant.

RISETTE.[1]

Clair œillon[2] de rat,
Ris, doux scélérat.
Frais néchon[3] de chat,
Ris, beau camusat.
Babinette[5] nette,
Ris dans ta barbette.
Bouchette rosette,
Montre ta languette.
Ha ! ha ! la voilà !
La risette est là.

[1] *Risette* (*s. f.*), from, *ris*, laughter. [2] *Œillon* (*s. m.*), of *œil*, eye. [3] *Néchon* (*s. m.*), dim. of *nez*, nose. [4] *Camusat* (*s.* from *camus*, flat-nosed. [5] *Babinette* (*s. f.*), from *babines* labia,) lips.

LA SOURIS CRÉDULE.

Il faut croire sa bonne mère,
Ses bons parents, nos vrais amis,
Mais ne pas suivre les avis
De tous ceux qu'on ne connaît guère.
" Viens ici, petite souris,"

Disait un polisson de rue ;
" Je te donnerai du pain bis,[1]
Viens, ne crains pas que je te tue."
La souris confiante alla :
Le petit bandit l'assomma.

[1] *Pain bis* (*s. m.*), coarse bread.

LE JEU DU BLÉ.

Tica, tica, tac,
Dans le moulin
Le bon grain
Devient belle farine.
Tica, tica, tac,
Dans le moulin
La meule en tournant écrase le grain.

Gué, gué,[1] bons paysans,
Le monde a faim, du courage !
A l'ouvrage.
Gué, gué, bons paysans.
Vivent les bœufs, la charrue et les champs.

[1] *Gué*, for *gai*, cheerful, merry.

LA BONNE AVENTURE.

Je suis un petit poupon
 De belle figure,
Qui aime bien les bonbons
 Et les confitures ;
Si vous voulez m'en donner,
Je saurai bien les manger.
 La bonne aventure,
  Oh ! gué !
 La bonne aventure.

Lorsque les petits garçons
Sont gentils et sages,
On leur donne des bonbons,
 De jolies images ;
Mais quand ils se font gronder,
C'est le fouet qu'il faut donner.
 La triste aventure,
  Oh ! gué !
 La triste aventure.

Je serai sage et bien bon,
 Pour plaire à ma mère,
Je saurai bien ma leçon,
 Pour plaire à mon père ;

Je veux bien les contenter,
Et s'ils veulent m'embrasser,
   La bonne aventure,
     Oh! gué!
   La bonne aventure.

GIRONNELLE.

Vous voulez me prendre
Mon joli poupon,
Non pas! non, non, non
Il faut me le rendre.

Mon poupon chéri,
Moi je l'ai pétri[1]
Des meilleures choses,
De lis et de roses,
De sucre et de lait;
On le croquerait.

Vous voulez me prendre
Mon joli poupon;
Non pas! non, non, non!
Il faut me le rendre.

[1] *Pétrir (v. a.)*, to knead.

J'ai pris pour ses yeux
Deux myosotis bleus ;
J'ai fait sa bouchette
D'un bec de fauvette :[1]
Et pour qui, pour quoi ?
Pour rien que pour moi.

---

[1] *Fauvette* (*s. f.*), warbler.

LA BONBONNIÈRE.[1]

A la discrétion de ses petits enfants,
Sur une table une bonne mère
Avait laissé sa bonbonnière.
Doit-on ainsi tenter les gens ?
L'un d'eux y puise sans scrupule ;
Le bambin[2] croque à belles dents ;[3]
Mais que prend-il ? Une pilule.
Bientôt, un petit mal au cœur...
Le larcin[4] est clair... Tout l'annonce.
Le lit, la diète, la semonce,[5]
Vont punir le petit voleur.

---

[1] *Bonbonnière* (*s. f.*), lozenge-box.   [2] *Bambin* (*s. m.*), baby.
[3] *A belles dents*, greedily.   [4] *Larcin* (*s. m.*), larceny, theft.
[5] *Semonce* (*s. f.*), lecture, reprimand.

La friandise[1] est souvent corrigée.
Gardons-nous de l'esprit malin :
Il nous présente la dragée,[2]
Et nous donne du chicotin.[3]

[1] *Friandise* (*s. f.*), daintiness.   [2] *Dragée* (*s.f.*), sugar-plums.
[3] *Chicotin* (*s. m.*), juice of the bitter-apple.

LE PETIT CHEVAL.

Maitre forgeron,
Aidez-moi, de gràce !
— Que faut-il qu'on fasse,
Mon petit luron ?[1]

— J'ai pour ma monture
Ce petit cheval :
Il ne va pas mal
Mais la route est dure,

Et vous feriez bien,
A ce qu'il me semble,
De ferrer ensemble
Le vôtre et le mien.

Voilà ma prière :
Dites, voulez-vous ?
Trois clous et six coups,
Ce sera l'affaire.

[1] *Mon petit luron*, my little fellow.

POUR RENDRE LES ENFANTS SAGES.

S'en vient un seigneur au manoir
Sur un fort joli cheval noir ;
Quand une dame à la fenètre
S'en vient regarder le beau maître.

" Il n'y a," dit-elle, " en ce logis
Qu'enfants et bébés tout petits ; "
Et le seigneur du cheval noir
Dit à la dame du manoir :

" Et sont-ils sages, ces enfants ?
Ah ! chère dame, dites promptement!"
"Non," dit la dame, "car mes enfants
Ne sont nullement obéissants."

Le seigneur dit : " Hélas, hélas !
De ces enfants je n'en veux pas !"
Et sur son joli cheval noir
S'en va bien loin de ce manoir.

LA LÉGENDE DE SAINT NICOLAS.

Il était trois petits enfants,
Qui s'en allaient glaner [1] aux champs.

...   .

_____
[1] _Glaner_ (v. a.), to glean.

S'en vont un soir chez un boucher :
" Boucher, voudrais-tu nous loger ?
— Entrez, entrez, petits enfants,
Il y a de la place assurément."

Ils n'étaient pas sitôt entrés,
Que le boucher les a tués,
Les a coupés en p'tits morceaux,
Mis au saloir [1] comme pourceaux.

Saint Nicolas, au bout de sept ans,
Saint Nicolas vient dans ces champs.
Il s'en alla chez le boucher : ·
" Boucher, voudrais-tu me loger ?

— Entrez, entrez, saint Nicolas,
Il y a d' la place, il n'en manque pas."
Il n'était pas sitôt entré,
Qu'il a demandè à souper.

" Voulez-vous un morceau d' jambon?
— Je n'en veux pas, il n'est pas bon !
— Voulez-vous un morceau de veau?
— Je n'en veux pas, il n'est pas beau !

---

[1] *Saloir* (*s. m.*), salting-tub.

Du p'tit salé je veux avoir,
Qu'il y a sept ans qu'est dans l' saloir.
Quand le boucher entendit cela,
Hors de sa porte il s'enfuya.

"Boucher, boucher ne t'enfuis pas,
Repens-toi, Dieu te pardonn'ra."
Saint Nicolas posa trois doigts
Dessus le bord de ce saloir.

Le premier dit : "J'ai bien dormi,"
Le second dit : "Et moi aussi ! "
Et le troisième répondit :
"Je croyais être en Paradis."

L'ÉTOURDI.

Un jour, un petit étourneau[1]
S'en allait à la découverte ;
En sautillant sur un rameau
Il voit une cage entr'ouverte.
Vite il y court étourdiment ;
Puis il entre résolûment,
N'écoutant que sa folle tête.
Quand il voulut faire retraite,
Il était pris : adieu gaîté,
Arbres verts, soleil, liberté !

---

[1] *Etourneau (s.m.)*, starling.

L'ÉCOLE BUISSONNIÈRE.[1]

Une fillette de huit ans,
La petite Nicole,
Disait toujours : " J'ai bien le temps
D'arriver à l'ècole."
Et quand en classe, quand en classe elle arrivait,
Sa maitresse lui répétait :
"Enfant, si tu m'en crois, si tu m'en crois, ma chère,
Ne fais pas, ne fais pas l'ècole buissonnière."

Mais Nicole n'écoutait pas
Cet avis salutaire ;
Elle s'en allait tout là-bas,
Aimant à ne rien faire,
Prenant toujours, toujours les chemins les plus longs
Pour attraper des papillons.
"Enfant, si tu m'en crois, si tu m'en crois, ma chère,
Ne fais pas, ne fais pas l'ècole buissonnière."

Un jour voici que tout à coup,
Loin, bien loin de la classe,
Nicole voit venir un loup...
Elle eut beau crier grâce.

[1] *L'école buissonnière* (*lit.*), hedge-school; *faire l'école buissonnière* (*fig.*), to play truant.

E

Le méchant loup, le méchant loup sans se gêner,
La mangea pour son déjeuner.
"Enfant, si tu m'en crois, si tu m'en crois, ma chère,
Ne fais pas, ne fais pas l'ècole buissonnière."

Lors la plus affreuse douleur,
Car rien ne la console,
A tout jamais brisa le cœur
Des parents de Nicole.
Ils la pleuraient, ils la pleuraient soir et matin.
Ils en moururent de chagrin.
"Enfant, si tu m'en crois, si tu m'en crois, ma chère,
Ne fais pas, ne fais pas l'ècole buissonnière."

LE PETIT BOSSU.[1]

Dans mon champ derrière les bois,
J'allais planter mes petits pois,
Quand un petit bossu, ma foi !
Vient se planter devant moi.

Bien vite je rentre chez moi,
Le bossu me suit, ma foi !
Et me mange mes croquignoles,[2]
Et me casse toutes mes casseroles,[3]

---

1 Bossu (s. m.), hunchback.   2 Croquignoles (s. f. pl.), cracknels.
3 Casseroles (s. f. pl.), saucepans, stewpans.

Je me sauve dans ma chambrette,
Pour y manger ma dînette,
Quand le petit bossu, ma foi !
M'enlève mon repas tout droit.

Je descends chercher de l'eau,
Ne puis plus trouver mon seau,
Quand le petit bossu, ma foi l
Tout à coup se rue sur moi.

Je grelotte, car il fait froid,
Et m'en vais chercher du bois,
Quand le petit bossu, ma foi !
Se sauve avec toute la voie.[1]

Dans ma cave je descends,
Pour me rafraîchir le sang,
Quand le petit bossu je vois,
Mon verre à la main, qu'il boit.

Mon rouet[2] alors je prends,
Pour me remettre les sens,
Quand m'arrive le petit bossu,
Et mon rouet ne tourne plus.

[1] *Voie* (s. f.), load of wood. [2] *Rouet* (s. m.), spinning-wheel.

Je rentre dans ma chambrette,
Pour m'étendre sur ma couchette,
Quand le petit bossu, ma foi !
D'un gros rire se moque de moi.

A genoux, près de mon lit,
Vite mes prières je dis,
Quand le petit bossu, ma foi !
Disparaît tout à la fois.

Enfants, priez, priez, priez sus [1]
Pour la fuite du petit bossu.

[1] *Sus (interj.)*, now then, come.

IL ÉTAIT UNE BERGÈRE.

Il était une bergère,
Eh ! ron, ron, ron, petit patapon ;
Il était une bergère,
Qui gardait ses moutons,
 Ron, ron,
Qui gardait ses moutons.

Elle fit un fromage,
Eh ! ron, ron, ron, petit patapon ;
Elle fit un fromage
Du lait de ses moutons,
 Ron, ron,
Du lait de ses moutons.

Le chat qui la regarde,
Eh ! ron, ron, ron, petit patapon ;
Le chat qui la regarde
D'un petit air fripon,
    Ron, ron,
D'un petit air fripon.

" Si tu y mets la patte,
Eh ! ron, ron, ron, petit patapon ;
Si tu y mets la patte,
Tu auras du bàton,
    Ron, ron,
Tu auras du bàton."

Il n'y mit pas la patte,
Eh ! ron, ron, ron, petit patapon ;
Il n'y mit pas la patte,
Il y mit le menton,
    Ron, ron,
Il y mit le menton.

La bergère en colère,
Eh ! ron, ron, ron, petit patapon ;
La bergère en colère
Tua son petit chaton,
    Ron, ron,
Tua son petit chaton.

Elle fut à confesse,
Eh ! ron, ron, ron, petit patapon ;
Elle fut à confesse,
Pour demander pardon,
    Ron, ron,
Pour demander pardon.

" Mon père, je m'accuse,
Eh ! ron, ron, ron, petit patapon ;
Mon père, je m'accuse
D'avoir tué mon chaton,
    Ron, ron,
D'avoir tué mon chaton.

    Ma fille, pour pénitence,
Eh ! ron, ron, ron, petit patapon ;
Ma fille, pour pénitence,
Nous nous embrasserons,
    Ron, ron,
Nous nous embrasserons.

— La pénitence est douce,
Eh ! ron, ron, ron, petit patapon ;
La pénitence est douce,
Nous recommencerons,
    Ron, ron,
Nous recommencerons."

LE DÉJEUNER DU BOA.

Si j'ai bonne mémoire,
Eh! eh! eh! ah! ah! ah!
Je vous dirai l'histoire
De la petite Anna,
Ah! ah! ah! ah!
De la petite Anna.

C'était la fille unique,
Eh! eh! eh! ah! ah! ah!
D'un marchand qui, d'Afrique,
En France l'amena,
Ah! ah! ah! ah!
En France l'amena.

Anna, pour être heureuse,
Eh! eh! eh! ah! ah! ah!
Était trop curieuse;
C'est bien vilain cela,
Ah! ah! ah! ah!
C'est bien vilain cela.

Voici qu'un jour son père,
Eh! eh! eh! ah! ah! ah!
Lui dit: " Je sors, ma chère,
Ne regarde pas là,
Ah! ah! ah! ah!
Ne regarde pas là."

L'épreuve était trop forte,
Eh ! eh ! eh ! ah ! ah ! ah !
Anna poussa la porte,
Et la porte céda,
Ah ! ah ! ah ! ah !
Et la porte céda.

Quelle frayeur mortelle,
Eh ! eh ! eh ! ah ! ah ! ah !
En voyant devant elle,
Se dresser un boa,
Ah ! ah ! ah ! ah !
Se dresser un boa !

Cette pauvre petite,
Eh ! eh ! eh ! ah ! ah ! ah !
Crie en vain et s'agite,
Appelant son papa,
Ah ! ah ! ah ! ah !
Appelant son papa.

Elle en perdait la tète,
Eh ! eh ! eh ! ah ! ah ! ah !
Et, d'un seul coup, la bête,
Sans mâcher,[1] l'avala,

---

[1] *Mâcher* (*v. a.*), to chew.

Ah! ah! ah! ah!
Sans mâcher l'avala.

Trouvant sa fille à dire :
Eh! eh! eh! ah! ah! ah!
Le bon papa soupire :
" Serpent, qu'as-tu fait là ?
Ah! ah! ah! ah!
Serpent, qu'as-tu fait là ? "

Vite on l'oblige à prendre,
Eh! eh! eh! ah! ah! ah!
Un bol[1] qui lui fait rendre
Tout ce qu'au ventre il a,
Ah! ah! ah! ah!
Tout ce qu'au ventre il a.

Anna sort de la gueule,[2]
Eh! eh! eh! ah! ah! ah!
Sans mal ; sa robe seule
En chemin se foula,[3]
Ah! ah! ah! ah!
En chemin se foula.

---

[1] *Bol* (*s. m.*), bowl (or its contents). [2] *Gueule* (*s.f.*), mouth, jaw (of animals). [3] *Fouler* (*v. a.*), to crush, to tear.

La petite personne,
Eh! eh! eh! ah! ah! ah!
Trouva la leçon bonne,
Et depuis s'amenda,
Ah! ah! ah! ah!
Et depuis s'amenda.

Prenez-la pour modèle,
Eh! eh! eh! ah! ah! ah!
Corrigez-vous comme elle,
Mais sans passer par là,
Ah! ah! ah! ah!
Mais sans passer par là.[1]

[1] *Mais sans passer par là :* but without meeting with a similar mishap.

LE CONJURATEUR ET LE LOUP.

Il y a un loup dedans un bois,
Le loup ne veut pas sortir du bois.
Ah! je te promets, compère Brocard,[1]
Tu sortiras de ce lieu-là.
Ah! je te promets, compère Brocard,
Tu sortiras de ce lieu-là.

[1] *Brocard* ou *Broquart* (*s. m.*), name given by huntsmen to wild animals of one year old.

Le loup ne veut pas sortir du bois,
Il faut aller chercher le chien.
Ah ! je te promets, compère Brocard,
Tu sortiras de ce lieu-là.
Ah ! je te promets, etc.

Il faut aller chercher le chien,
Le chien ne veut pas japper au loup,
Le loup ne veut pas sortir du bois.
Ah ! je te promets, compère Brocard,
Tu sortiras de ce lieu-là.
Ah ! je te promets, etc.

Il faut aller chercher le bàton.
Le bàton ne veut pas battre le chien,
Le chien ne veut pas japper au loup,
Le loup ne veut pas sortir du bois.
Ah ! je te promets, compère Brocard,
Tu sortiras de ce lieu-là.
Ah ! je te promets, etc.

Il faut aller chercher le feu,
Le feu ne veut pas brûler le bàton,
Le bàton ne veut pas battre le chien,
Le chien ne veut pas japper au loup,
Le loup ne veut pas sortir du bois.
Ah ! je te promets, etc.

Il faut aller chercher de l'eau,
L'eau ne veut pas éteindre le feu,
Le feu ne veut pas brûler le bâton,
Le bâton ne veut pas battre le chien,
Le chien ne veut pas japper au loup,
Le loup ne veut pas sortir du bois.
Ah ! je te promets, etc.

Il faut aller chercher le veau,
Le veau ne veut pas boire l'eau,
L'eau ne veut pas éteindre le feu,
Le feu ne veut pas brûler le bâton,
Le bâton ne veut pas battre le chien,
Le chien ne veut pas japper au loup,
Le loup ne veut pas sortir du bois.
Ah ! je te promets, etc.

Il faut aller chercher le boucher,
Le boucher ne veut pas tuer le veau,
Le veau ne veut pas boire l'eau,
L'eau ne veut pas éteindre le feu,
Le feu ne veut pas brûler le bâton.
Le bâton ne veut pas battre le chien,
Le chien ne veut pas japper au loup,
Le loup ne veut pas sortir du bois,
Ah ! je te promets, Broquin-Brocard,
Tu sortiras de ce lieu-là.

Il faut aller chercher le conjurateur,
Et le conjurateur veut bien venir,
Le boucher veut bien tuer le veau,
Et le veau veut bien boire l'eau,
L'eau veut bien éteindre le feu,
Le feu veut bien brûler le bâton,
Le bâton veut bien battre le chien,
Le chien veut bien japper au loup,
Le loup veut bien sortir du bois.

Ah ! je te promets, compère Brocard,
Tu sortiras de ce lieu-là,
Ah ! je te promets, compère Brocard,
Tu sortiras de ce lieu-là.

IL SORTAIT UN RAT DE SA RATTERIE.

Il sortait un rat de sa ratterie,
Qui fit rentrer la mouche dans sa moucherie,
Rat à mouche,
Belle, belle mouche,
Jamais je n'ai vu si belle mouche.

Il sortit un chat de sa chatterie,
Qui fit rentrer le rat dans sa ratterie.

Chat à rat,
Rat à mouche,
Belle, belle mouche,
Jamais je n'ai vu si belle mouche.

Il sortit un chien de sa chiennerie,
Qui fit rentrer le chat dans sa chatterie.
Chien à chat,
Chat à rat,
Rat à mouche, etc.

Il sortit un loup de sa louperie,
Qui fit rentrer le chien dans sa chiennerie,
Loup à chien,
Chien à chat,
Chat, etc.

Il sortit un ours de son ourserie,
Qui fit rentrer le loup dans sa louperie.
Ours à loup,
Loup à chien,
Chien, etc.

Il sortit un lion de sa lionnerie,
Qui fit rentrer l'ours dans son ourserie.

Lion à ours,
Ours à loup,
Loup, etc.

Il sortit un homme de son hommerie,
Qui fit rentrer le lion dans sa lionnerie.
Homme à lion,
Lion à ours,
Ours à loup,
Loup à chien,
Chien à chat,
Chat à rat,
Rat à mouche,
Mouche, belle mouche,
Jamais je n'ai vu si belle mouche.

LE ROI DE SAVOIE.

C'était le roi de Savoie,
C'est le roi des bons enfants,
Il s'était mis dans la tête
De détrôner le Sultan.
Et rantanplan, gare, gare, gare,
Et rantanplan, gare de devant.

Il s'était mis dans la tête
De détrôner le Sultan;
Il composa une armée
De quatre-vingts paysans.
  Et rantanplan, etc.

Il composa une armée
De quatre-vingts paysans;
Il prit pour artillerie
Quatre canons de fer-blanc,
  Et rantanplan, etc.

Il prit pour artillerie
Quatre canons de fer-blanc,
Et pour toute cavalerie,
Les ânes du couvent.
  Et rantanplan, etc.

Et pour toute cavalerie,
Les ânes du couvent;
Ils étaient chargés de vivres
Pour nourrir le régiment.
  Et rantanplan, etc.

Ils étaient chargés de vivres
Pour nourrir le régiment;

Ils montèrent sur une montagne :
Mon Dieu, que le monde est grand !
   Et rantanplan, etc.

Ils montèrent sur une montagne :
Mon Dieu, que le monde est grand !
Ils virent une petite rivière
Qu'ils prirent pour l'Océan.
   Et rantanplan, etc.

Ils virent une petite rivière
Qu'ils prirent pour l'Océan ;
En voyant venir l'ennemi :
Sauve qui peut, allons-nous-en !
   Et rantanplan, etc.

CADET ROUSSELLE.

Cadet Rousselle a trois maisons,
Qui n'ont ni poutres[1] ni chevrons,[2]
C'est pour loger les hirondelles ;
Que direz-vous de Cadet Rousselle ?

   Ah ! ah ! ah ! mais vraiment,
   Cadet Rousselle est bon enfant.

---

[1] *Poutres* (*s. f. pl.*), beams. [2] *Chevrons* (*s. m. pl.*), rafters.

Cadet Rousselle a trois habits,
Deux jaunes ; l'autre en papier gris ;
Il met celui-là quand il gèle,
Ou quand il pleut et quand il grèle.

  Ah! ah! ah! mais vraiment,
  Cadet Rousselle est bon enfant.

Cadet Rousselle a trois chapeaux,
Les deux ronds ne sont pas très beaux;
Et le troisième est à deux cornes,[1]
De sa tète il a pris la forme.

  Ah! ah! ah! mais vraiment,
  Cadet Rousselle est bon enfant.

Cadet Rousselle a trois beaux yeux,
L'un regarde à Caen, l'autre à Bayeux;
Comme il n'a pas la vue bien nette,
Le troisième, c'est sa lorgnette.[2]

  Ah! ah! ah! mais vraiment,
  Cadet Rousselle est bon enfant.

---

[1] *Cornes* (*s. f. pl.*), angles; *chapeau à cornes:* cocked hat.
[2] *Lorgnette* (*s.f.*), eye-glass.

Cadet Rousselle a une épée,
Très longue, mais toute rouillée;[1]
On dit qu'elle ne cherche querelle
Qu'aux moineaux et aux hirondelles.

    Ah! ah! ah! mais vraiment,
    Cadet Rousselle est bon enfant.

Cadet Rousselle a trois souliers,
Il en met deux dans ses deux pieds;
Le troisième n'a pas de semelle,[2]
Il s'en sert pour chausser sa belle.

    Ah! ah! ah! mais vraiment,
    Cadet Rousselle est bon enfant.

Cadet Rousselle a trois garçons,
L'un est voleur, l'autre est fripon;[3]
Le troisième est un peu ficelle,[4]
Il ressemble à Cadet Rousselle.

    Ah! ah! ah! mais vraiment,
    Cadet Rousselle est bon enfant.

---

[1] *Rouillée* (*adj. f.*), rusty.   [2] *Semelle* (*s. f.*), sole (of a boot).
[3] *Fripon* (*s. m.*), rogue, knave.   [4] *Ficelle* (*adj.*), tricky.

Cadet Rousselle a trois gros chiens,
L'un court au lièvre, l'autre au lapin ;
Le troisième s'enfuit quand on l'appelle,
Comme le chien de Jean de Nivelle.[1]

> Ah ! ah ! ah ! mais vraiment,
> Cadet Rousselle est bon enfant.

Cadet Rousselle a trois beaux chats,
Qui n'attrapent jamais les rats ;
Le troisième n'a pas de prunelle,[2]
Il monte au grenier[3] sans chandelle.

> Ah ! ah ! ah ! mais vraiment,
> Cadet Rousselle est bon enfant.

Cadet Rousselle a marié
Ses trois filles dans trois quartiers,
Les deux premières ne sont pas belles,
La troisième n'a pas de cervelle.

> Ah ! ah ! ah ! mais vraiment,
> Cadet Rousselle est bon enfant.

---

[1] Jean de Nivelle, eldest son of Jean II. de Montmorency, refused, in spite of the appeal of his father, to march against the Duke of Burgundy, and took to flight, which has given rise to the popular saying : " Il ressemble au chien de Jean de Nivelle, qui s'enfuit quand on l'appelle." (Fifteenth century.) [2] *Prunelle* (*s. f.*), eye-ball. [3] *Grenier* (*s. m.*), (granary), garret, attic.

Cadet Rousselle a trois deniers,
C'est pour payer ses créanciers ;
Quand il a montré ses ressources,
Il les resserre dans sa bourse.

  Ah ! ah ! ah ! mais vraiment,
  Cadet Rousselle est bon enfant.

Cadet Rousselle s'est fait acteur,
Comme Chénier s'est fait auteur ;
Au café, quand il joue son rôle,
Les aveugles le trouvent drôle.

  Ah ! ah ! ah ! mais vraiment,
  Cadet Rousselle est bon enfant.

Cadet Rousselle ne mourra pas,
Car, avant de santer le pas,[1]
On dit qu'il apprend l'orthographe,
Pour faire lui-même son épitaphe.

  Ah ! ah ! ah ! mais vraiment.
  Cadet Rousselle est bon enfant.

---

[1] *Sauter le pas :* to take the leap.

L'ÉCOLE DU MAITRE CORBEAU.

Jadis, quand les oiseaux possédaient la parole,
C'est à maitre Corbeau qu'on allait à l'ècole.
    Écoute bien comme il parlait,
    Et surtout fais ce qu'il disait.

    — Ouvre les yeux et les oreilles,
    Et ne baye pas aux corneilles.[1]
    Fais ta prière en te levant,
    Et commence en gentil enfant.
— Peigne-toi, lave-toi, savonne, frotte, frotte ;
Mais proprement, et non en barbet qui barbote.[2]
    Travaille après déjeuner, et ne sois pas de ceux
Qui toujours ont le bec ouvert avant les yeux.

    — Offre, quand tu manges,
    Leur part aux bons anges ;
    Pour maitre Corbeau
    Réserve un morceau ;
    Laisse une loquette[3]
    Au chien, à minette ;
    Donne aux malheureux
    Tout ce que tu peux.

Bayer (*v. a.*), to gape ; *corneilles* (*s. f. pl.*), crows, rooks ; *bayer aux corneilles* (*fig.*), to gape in the air. [2] *Barboter* (*v. a.*), to dabble, to muddle. [3] *Loquette* (*s. f.*), a small piece, a bit.

— Pense à quatre choses sans cesse :
    Combattre la paresse,
    Apprendre la sagesse,
    Grandir en gentillesse,
    Faire tôt ce qui presse.

Ménage tes habits, mais use des souliers ·
Pour grandir vite, il faut être toujours sur pied.
    Tiens bien propres tes mains, ton visage et ton linge
Qu'on ne te prenne pas pour quelque petit singe.
—On ne tient pas ses mains dans ses poches, c'est laid;
Quelque cruchon à deux anses [1] le fait.
    Comme un petit ourson, ne suce pas ton ponce,
Car une fois fondu, jamais il ne repousse.
    Ce ne sont que les gens mal nés
Qui fourrent leurs doigts dans leur nez.
    Apprends à bien parler, mais non pour faire rire,
Comme le perroquet, qui parle sans rien dire.
— Aux honnêtes gens ôte ton chapeau ;
Qu'on ne pense pas qu'il tient à la peau.
— A table, sois modeste et mange avec réserve.
N'attaque pas les plats, attends qu'on te serve.
— Mange ta soupe, mais pas la fumée avec ;
    Elle te brûlerait le bec.

---

[1] *Anse* (*s. f.*), handle.

— Ne prétends pas manger ce qui te ragoûte;
Mange la mie [1] avec la croûte.

Lève un œil au ciel quand tu bois,
Nous n'y manquons pas une fois.

—Tiens ton assiette propre et mange au-dessus d'elle
Mais ne l'écure [2] pas comme un chat son écuelle. [3]

Bois peu, sans barboter, sans cliqueter des dent
Et sans tremper ton nez dedans.

Ne laisse ni restes ni miettes;
Pourtant, n'avale pas les os ni les arêtes. [4]

— Ne tambourine [5] pas sur la table, excepté
Lorsque l'on t'en priera pour la société.

Ne montre pas un appétit sauvage;
Pense à la compagnie et fais-lui bon visage.

Cache de tes cinq doigts ta bouche pour bâiller.
Ou ton voisin croira que tu veux l'avaler.

— De Balaam n'imite pas l'ânesse :
Pour prendre la parole attend qu'on te l'adresse.

On tutoie un parent, un ami, mais pas tons;
Pour ne pas s'y tromper le chien dit toujours: vous

— Pas de jeux de pieds sous la nappe, [7]
Ou gare que le loup par là rôde [8] et te happe. [9]

---

[1] *Mie (s. f.)*, the crumb, the soft part of the bread. [2] *Ecurer (v. a.)*, t
scour, to clean. [3] *Écuelle (s. f.)*, porringer. [4] *Arêtes (s. f. pl.)*, fish-bone
[5] *Tambouriner (v. a.)*, to drum. [6] *Bâiller (v. a.)*, to yawn. [7] *Napp
(s. f.)*, table-cloth. [8] *Rôder (v. a.)*, to roam, to rove, to prowl about
[9] *Happer (v. a.)*, to snap, (*fig.*) to catch.

—Ne montre pas ta langue aux gens, pour te moquer,
Car si passe le chat, il pent te la croquer.[1]

   Ne quitte pas la table avant que l'on se lève :
Ensemble l'on commence, ensemble l'on achève.
— Fais ta prière après comme avant le repas ;
L'àme, sans cela, ne profite pas.

   Mange à l'heure réglée et non pour te distraire,
Comme fait le gourmand quand il ne sait que faire.
— La chatte te l'enseigne en refusant ton pain ;
On ne doit pas manger sans faim.

       — Ce que dit ta mère,
      Ce que veut ton père,
      Gentiment fais-le.
      Pourquoi ? Parce que.
   Repasse chaque soir l'emploi de ta journée,
Et vois si pour cela Dieu te l'avait donnée.
Quand tu vas te coucher, prie et dis bonne nuit,
Et, pour croître en dormant, étends-toi dans ton lit.

Voilà ce qu'enseignait Corbeau, maitre d'ècole,
Quand les bêtes encore usaient de la parole.
Pourquoi maitre Corbeau se tait-il aujourd'hui ?
Parce que nous savons tout cela mieux que lui.

---

1 *Croquer* (*v. a.*), to craunch.

EXERCICES DE PRONONCIATION.

Celui-là n'est point ivre,
Qui trois fois pent dire :
Blanc, blond, bois, barbe grise, bois,
Blond, bois, blanc, barbe grise, bois,
Bois, blond, blanc, barbe grise, bois.

Quatre plats plats dans quatre plats creux,
Quatre plats creux dans quatre plats plats.

Du pain sec et du fromage
C'est bien peu pour déjeuner,
On me donnera, je gage,
Antre chose à mon dîner.
Car, Didon dîna, dit-on,
Du dos d'un dodu dindon.

Chat rit rôt,
Rôt tenta chat,
Chat mit patte à rôt,
Rôt brûla patte à chat.

Riz tenta le rat,
Rat tenté tàta le riz.

Lever à six,
Déjeuner à dix,
Diner à six,
Coucher à dix,
Fait vivre l'homme dix fois dix.

Trente jours ont Novembre,
Avril, Juin et Septembre ;
De vingt-huit il en est un,
Les autres en ont trente et un.

Bon vin, bon feu, bon crédit, bon renom,
Bonne santé, bon ami, bon présent, bon chapon,
Sont toujours de saison.

Rouge le soir, blanc le matin,
C'est la journée du pèlerin ;
Blanc le soir, rouge le matin,
Fait tourner la roue au moulin.

Ces cerises sont si sures[1] qu'on ne sait si
c'en sont.

[1] *Sure (adj. f.)*, sour.

Quand un cordier cordant veut accorder sa corde,
Pour sa corde accorder trois cordons il accorde ;
Mais si l'un des cordons de la corde décorde,
Le cordon décordant fait décorder la corde.

Combien ces six saucissons-ci ?
Six sous ces six saucissons-ci.

Voici six chasseurs sachant chasser.

— " Gros gras grain d'orge, quand te
dégrogragraind'orgeriseras-tu ?

— Je me dégrogragraind'orgeriserai quand
tous les autres gros gras grains d'orge se
dégrogragraind'orgeriseront."

Pie à haut nid,
Caille à bas nid,
Ver n'a os,
Rat en a,
Chat en a,
Taupe aussi.

Vent a-t-il pied,
Poule a-t-elle nez,
Rat a-t-il aile,
Beurre a-t-il os ?

Félix porc tua,
Sel n'y mit,
Ver s'y mit,
Porc gâta.

ÉNIGMES.

----

1. Devinette, devinette, devinez-moi :
   Vingt-quatre cavaliers, tous de bonne foi ;
   Braves gaillards, toujours frais et dispos,
   Font bien du bruit, mais sans jamais dire mot.
   Cinq capitaines leur servant d'interprètes,
   Leur font tantôt soit milieu, queue ou tête.
   A son devoir chacun d'eux est fidèle,
   Et vite se rend où son maitre l'appelle.
   Capitaines et soldats, nommez-les-moi,
   On vous le donne et en deux et en trois.

2.   Trou qui a cinq ouvertures ;
      Devinez-moi l'aventure.

3.   Cinq voyelles, une consonne,
      En français composent mon nom,
      Et je porte sur ma personne
      De quoi l'écrire sans crayon.

4.   A l'enterrement ou à la fête,
      Je marche toujours sur la tête.

5.   En hiver je te chauffe ton nid,
      Au printemps je te réjouis,
      Et en été je te rafraîchis,
      Puis en automne je te nourris.

6.   Je suis un mot léger formé de cinq voyelles :
      Une *s* est le seul nid qui les unit entre elles.

7.   Quelle est la mignonne maison
      Qui n'a ni fenêtre ni porte ?
      Pour que le petit maitre en sorte
      Il faut qu'il perce la cloison.

8.   Quelle est la chose,
      Mes petits enfants,

Qui se compose
De sept vêtements,
Et qui fait pleurer tous les gens ?

9. Je n'ai ni langue ni cœur ;
Pourtant je parle et pleure ;
Et qu'on naisse ou qu'on meure,
On m'entend à toute heure.

10. Blanc comme neige, neige n'est pas ;
Vert comme pré, pré n'est pas ;
Rouge comme sang, sang n'est pas ;
Et tous les enfants en font cas.

11. On le diminue en y ajoutant ;
On l'agrandit en en ôtant.

12. Je suis ce que je suis,
Et je ne suis pas ce que je suis,
Car si j'ètais ce que je suis,
Je ne serais pas ce que je suis.

13. Connaissez-vous le solitaire,
Qu'on ne trouve jamais chez lui,
Quoiqu'il n'en soit jamais sorti ;
Qui n'eut un maitre ni grammaire,

Et parle avec n'importe qui
Tontes les langues de la terre,
Sans jamais faire un quiproquo ?
C'est...

14. De neuf moineaux perchés sur une branche
d'arbre, on en tue trois ; combien en
reste-t-il ?

15.   Ah ! tu seras bien fine,
         Si jamais tu devines
         Pourquoi les moutons blancs
         Mangent plus que les noirs ?
         Si jamais tu l'apprends,
         Gardes-en bien la mémoire.

16. Dis-moi de grâce quelle est la chose,
    Qui nuit et jour ne se repose ?

17. Tantôt claire, tantôt obscure,
    Deux jours n'est de même nature.

18. Six pieds, quatre oreilles,
    Deux bouches, deux fronts,
    Quelle bête est-ce donc ?

19. Mon premier est un mètal précieux,
    Mon second un habitant des cieux,
    Et mon tout un fruit délicieux.

20.   Vert comme pré,
       Blanc comme neige,
       Amer comme fiel,
       Doux comme miel.

21. Je viens sans qu'on y pense,
    Je meurs en ma naissance,
    Et celui qui me suit
    Ne vient jamais sans bruit.

22. Ouvrez bien votre comprenette,
    Enfants, c'est une devinette.

    On l'apporte, il est tout petit.
    Gare! sans dents même il pent mordre.
    De colère il rougit, blanchit,
    Sous le fer voyez-le se tordre.
    Dans sa cage on le fait entrer ;
    Vite sur sa proie il se rue.
    On l'entend rugir et craquer.
    Il grossit, grandit à la vue.

G

S'il sort, il va vous faire à tous
Dire haut comment il s'appelle.
Eh bien ! le reconnaissez-vous ?
C'est...

CLÉ DES ÉNIGMES.

1. Les soldats de l'A. B. C.—2. Un gant.
3. Oiseau.—4. Un clon de soulier.—5. Un
arbre.—6. Oiseau.—7. L'œuf.—8. Un oignon.
—9. Une cloche.—10. Une cerise.—11. Une
fosse.—12. Un domestique qui suit son
maitre.—13. L'ècho.—14. Aucun.—15. Parce
que les noirs sont plus rares.—16. La rivière.

17. La lune.   18. Le cheval et le ca-
valier. — 19. L'orange. — 20. La noix.
21. L'èclair.—22. Le feu dans le poêle.

London : J. S. LEVIN, Steam Printing Works, 2, Mark Lane Square, E.C.

Hachette's Catalogue Raisonné

OF NEW

FRENCH EDUCATIONAL COURSE.

THE study of modern languages has, during the last few years, entered upon a new stage of development in English Schools, and been thoroughly revolutionised by the progress of modern science. The natural consequence of this movement was at once to supersede the time-honoured grammars of Hamel, Lévizac, Wanostrocht, &c.; even Noël and Chapsal had to relinquish their claims, and a general demand sprang up for new educational works, in connection with the teaching, more particularly, of French. It is for the purpose of meeting this desideratum that Messrs. HACHETTE have issued the series of works, the list of which is appended, and which, taking the pupils from the nursery, lead them gradually on till they are qualified to compete for Scholarships and Exhibitions at the Universities.

The complete Educational Catalogue may be had gratis on application.

HACHETTE'S
ILLUSTRATED FRENCH PRIMER;
OR THE CHILD'S FIRST FRENCH LESSONS.

Edited by HENRI BUÉ, B.-ès-L.,
French Master at Merchant Taylors' School, London.

The easiest Introduction to the Study of French, with numerous Wood Engravings.

NEW AND CHEAPER EDITION.

1 vol. small 8vo. cloth. Price 1s. 6d.

"There is scarcely a page without a cleverly-executed engraving, and a child could certainly learn French from no better devised or more interesting manual."—*Literary Churchman.*

GRAMMARS AND EXERCISE BOOKS.

EARLY FRENCH LESSONS. By HENRY BUÉ, B.-ès-L., French Master at Merchant Taylors' School, London. New edition, 64 pages, cloth, price 8d.

The compiler of this little book has had in view to teach the young beginner as many French words as possible in the least tedious manner. He has found by experience that what children dislike most to learn are lists of words, however useful and well chosen, and that they very soon get weary of disconnected sentences, but commit to memory most readily a short nursery rhyme, anecdote, or fable. Hence the selection he has made.

THE FIRST FRENCH BOOK.

By HENRI BUÉ, B.-ès-L.,

French Master at Merchant Taylors' School, London.

1 Vol. 176 Pages. Cloth, price 10d. Ninth Edition.

This small book, drawn up according to the requirements of the first year will prove of the most valuable assistance to all beginners.

Adopted by the School Board for London, etc.

It contains Grammar, Exercises, Conversation and Vocabulary. Every lesson is followed by a short dialogue for conversational practices The volume comprises the whole Accidence. The rules are stated in the clearest possible manner. A chapter on the Philology of the language, and some for reading and translation, a complete index, and two complete Vocabularies, follow the grammatical portion. Its moderate price and its completeness will make it one of the best books for use in our Middle-Class and National Schools and other large establishments.

THE SECOND FRENCH BOOK.

1 Vol. 208 Pages. Third edition. Cloth, price 1s.

KEY TO THE SAME. For Teachers only. (*In preparation.*)

OPINIONS OF THE PRESS.

One of "Her Majesty's Inspectors of Schools" writes : "Thanks for your admirable *First French Book*, which seems to me remarkably well adapted, in respect of both scope and arrangement, for school use. It ought to be, and I think will be, largely adopted."

"This is a book, small as regards size and price, but containing in quantity at least matter which would furnish forth far larger and more pretentious volumes. M. Bué's method and treatment are excellent; to any person unacquainted with French, but wishing to study that language, or to any teacher wishing to form classes for its study, we can cordially recommend his work. Books for use in school or class are often compiled by others than teachers, and the result is not always satisfactory. M. Bué is a teacher himself, and his lessons show that he understands the difficulties his brethren may labour under, and the best means by which they can be surmounted. We are glad to learn that the volume under notice has been adopted by the London School Board."— *The Irish Teachers' Journal*. Feb. 2nd, 1878.

"A handy little volume, which may serve with advantage as an introduction to the study of more elaborate works."—*The Pictorial World*, Oct. 13, 1877.

FRENCH COMPOSITION.

The First Book of French Composition.

Materials for Translating English into French, for Elementary Classes.

By A. ROULIER,

Fellow Univ. Gallic.

1 vol., small 8vo, cloth.   Third edition, entirely revised.   Price 1s. 6d.

Adopted by the School Board for London.

This work is designed for beginners, and may be put into the hands of any person knowing the elementary rules concerning substantives, articles, and adjectives, and the conjugation of regular verbs.

The Second Book of French Composition.

By A. ROULIER.

1 vol., small 8vo., cloth, 278 pages.   Price 3s.

The Children's Own Book of French Composition.

A Series of Easy Exercises on Idiomatic Construction, adapted for the use of Young People.

By EMILE D'AUQUIER.

With a Preface by JULES BUÉ, M.A., &c.   Price 1s. 6d.

Can be used in Conjunction with the " Children's Own French Book."

1 vol., small 8vo., cloth.   200 pages.

OPINIONS OF THE PRESS.

" It seems a good idea, and might produce satisfactory results if carefully worked out."—*Educational Times*, July 1st.

" The process of instruction resembles that by which an English child would learn to speak French on being transferred very early to a French home."—*School Board Chronicle*, June 16th.

" The learner will find this a very useful companion in his early French studies."—*The Schoolmaster*, June 30th.

Half-Hours of French Translation ;

OR,

Extracts from the best English Authors to be rendered into French ; and also passages translated from contemporary French Writers to be retranslated.   Arranged progressively, with idiomatic notes.

By ALPHONSE MARIETTE, M.A.

Professor and Examiner of the French Language and Literature at King's College, London.

New Edition.   1 vol., small 8vo., 392 pages cloth, price 4s. 6d.

KEY TO THE SAME.

1 vol. small 8vo, 300 pages.   Cloth, price 6s.

Graduated French Readers.

THE ELEMENTARY FRENCH READER. A collection of short
interesting and instructive stories for beginners, adapted for use
in Middle-Class Schools, &c., with a complete French-English
Vocabulary. Edited by ELPHÉGE JANAU, French Master at Black-
heath Proprietary School. New Edition. Price 8d.

At the request of several leading members of the Scholastic Profession,
I have undertaken to compile an Elementary French Reader, suitable,
on account of its price and contents, to Middle-Class and other Schools.
The matter contained in this book will afford ample scope for the
teacher to exercise his pupils in conversation and elementary translation,
while the bold type chosen will make it more pleasant to read.

The Vocabulary gives every word in the text, the plural of nouns and
adjectives (when formed otherwise than by the addition of s), and the
feminine of all adjectives, thus avoiding the use of a dictionary. For
purposes of reference, I have added a list of regular and irregular verbs.

I trust this little volume will answer the purpose I had in view when
compiling it, and meet with the approbation of Teachers.

(*Adopted by the School Board for London.*)

THE INFANTS' OWN FRENCH BOOK. Very short Stories adapted
for quite Young Children, and printed in large type. With a complete French-English Vocabulary. Edited by E. JANAU. Small
8vo., cloth, price 1s.

HACHETTE'S CHILDREN'S OWN FRENCH BOOK. A Selection of
amusing and instructive Stories in Prose, adapted to the use of
very young people. Edited by the Rev. P. H. E. BRETTE,
B.D., and GUSTAVE MASSON, B.A., of Harrow. Fifteenth edition.
1 vol., small 8vo. 216 pages, cloth 1s. 6d.

(*Adopted by the School Board for London.*)

HACHETTE'S FIRST FRENCH READER. Adapted to the use of
young people. Sixty-sixth Thousand. 1 vol., small 8vo., 400 pages,
cloth 2s. Edited by the Rev. P. H. E. BRETTE, B.D., and GUSTAVE
MASSON, B.A., of Harrow.

"One of the most popular educational works in this country."—*Weekly
Review.* (*Adopted by the School Board for London.*)

HACHETTE'S SECOND FRENCH READER. Edited by HENRY
TARVER, of Eton College. New Edition. 1 vol. small 8vo. cloth,
price 1s. 6d. (*Adopted by the School Board for London.*)

HACHETTE'S THIRD FRENCH READER. By B. BUISSON, M.A.,
First French Master at Charterhouse. 1 vol. small 8vo. cloth, 2s.

The four first Readers are supplemented by a Vocabulary; the two last
by Elucidatory Notes.

THE NEW GERMAN SERIES.

The attention of the Heads of Colleges and Schools is respectfully directed to this new Series of German School Books, which has been projected with a view to supply thoroughly reliable text-books edited by German scholars of the highest reputation, and at a price which will bring them within the reach of all. The Series comprises now :—

VOL. I.

The Illustrated German Primer.

Being the Easiest Introduction to the Study of German for all Beginners. Price 1s.

VOL. II.

The Children's Own German Book.

A Selection of Amusing and Instructive Stories in Prose. Edited by Dr. A. L. MEISSNER, Professor of Modern Languages in the Queen's University in Ireland. Small post 8vo, cloth, 1s. 6d. New Edition.

VOL. III.

The First German Reader.

A Selection of Episodes from German History, etc., etc. Edited by Dr. A. L. MEISSNER. Small post 8vo, cloth, 1s. 6d.

VOL. IV.

The Second German Reader.

A Selection of Episodes from German Life, etc. Edited by Dr. A. L. MEISSNER. Small post 8vo, cloth, 1s. 6d.

Buchheim's Deutsche Prosa.

Two Volumes, sold separately.

VOL. V.

Schiller's Prosa.

Containing Selections from the Prose Works of Schiller, with Notes for English Students. By Dr. BUCHHEIM, Professor of the German Language and Literature, King's College, London. Small post 8vo, cloth, 2s. 6d.

VOL. VI.

Goethe's Prosa.

Containing Selections from the Prose Works of Goethe, with Notes for English Students. By Dr. BUCHHEIM. Small post 8vo, cloth, 2s. 6d.

Made in the USA
San Bernardino, CA
11 December 2018